France Angélique Guldix

De la survie

à la Vie

Récit

Remerciements

Je pense à Marie-Anne, très belle femme d'une soixantaine d'années, si je l'avais eue pour maman, ma vie aurait été plus facile, je n'aurais pas connu cette souffrance intense.

Et en même temps, c'est tout ce vécu qui m'a amené à rechercher le sens de mon histoire, qui m'a fait rencontrer des outils dont la Méthode de libération des Cuirasses, la Communication non violente, les constellations archétypales, le chamanisme, les chevaux …

Infinie gratitude à J. bousculante Ame Sœur.

A Violette, Renée, Rachel et toutes les femmes créatrices de ma lignée.

A Georges Didier, formateur en psychanalyse symbolique, créateur des Constellations Archétypales

Merci à toutes les personnes qui ont lu et relu ce manuscrit, et qui m'ont offert leurs commentaires bienveillants.

Préface

Lorsque j'ai rencontré pour la première fois France Angélique Guldix, elle m'a fait savoir « qu'elle venait de très loin ». Je ne pouvais pas imaginer qu'elle parlait d'une histoire familiale faite d'abandon et de solitude, de souffrance psychique et d'un courage inébranlable.

Tout au long de ma vie j'ai fait la connaissance de nombreuses personnes ayant vécu des situations douloureuses.

Malheureusement, c'est monnaie courante dans nos sociétés développées. Et pourtant, ce qui fait la différence entre ces personnes et France Angélique c'est que la plupart ont succombé à des situations personnelles qui les dépassaient, qui les avaient marquées surtout pendant leur plus jeune âge. Y a-t-il de l'espoir lorsqu'on est frappé d'un tel trauma ?

France a trouvé à l'intérieur d'elle des ressources insoupçonnées, même pour elle-même, et elle a su se doter d'outils que la psychologie moderne a développés et que nos grands-parents n'avaient pas encore à disposition.

Pour moi, c'est justement cette combinaison extraordinaire de dons et d'apprentissage qui rend son parcours original et qui fait de son récit une carte de voyage nous permettant de trouver des repères dans nos trajets vitaux de plus en plus périlleux.

Parce que ce qui me paraît singulier dans son histoire, c'est qu'elle nous donne des pistes de réflexion que nous ne recevons pas à l'école, et que même nos parents ne sont pas en mesure de nous fournir.

C'est en marchant que nous arrivons parfois à construire notre chemin, et l'auteur de ce texte devient un éclaireur pour nos propres cheminements, oh combien troubles et chaotiques.

C'est pourquoi, nous nous identifions tellement avec les vicissitudes de son histoire, parce qu'il s'agit d'une histoire unique, et en même temps elle pourrait être l'histoire de chacun d'entre nous.

C'est justement l'émotion qui parcourt cet ouvrage qui le rend tellement humain, et dès lors si proche à tout en chacun.

France Angélique a voulu partager ses trouvailles avec ses semblables, bien par le biais de ses conférences, de sa pédagogie thérapeutique, et à présent à travers ce bref récit. Pour ce cadeau, je voudrais la remercier au nom de toutes les lectrices et lecteurs qui naufragés souvent au milieu de la complexité de l'existence, reçoivent comme une grâce ces quelques morceaux de vie à l'état pur, combinés avec quelques recettes extrêmement utiles pour nous aider à retrouver le nord. Ou devrait-on dire le centre ?

Javier Paniagua
Licencié en Droit de l'Université Complutense de Madrid.
Diplômé en droit européen et spécialisé en Droit animalier.

Table des matières

Remerciements   3

Préface   5

Chapitre 1 :
J'ai quinze ans et c'est l'enfer   11

Chapitre 2 :
Sur mes rails avec 2 balles de tennis et un bâton mousse   16

Chapitre 3 :
La danse familiale continue, hôpital-prison   19

Chapitre 4 :
Le chamanisme   23

Chapitre 5 :
Le Canada et la Communication Non Violente   26

Chapitre 6 :
La mort, une renaissance à un autre plan de conscience   29

Chapitre 7 :
Rencontre avec mes enfants intérieurs   31

Chapitre 8 :
Les chevaux   35

Chapitre 9 :
Une auto-guérison du cœur   45

Chapitre 10 :
Une Femme   49

Chapitre 11 :
La psychogénéalogie   54

Chapitre 12 :
Le Dialogue avec les Organes *(DialOr©)*   57

Chapitre 13 :
La transformation du système familial   60

Epilogue   64

Annexe   67

Bibliographie   68

Chapitre 1

J'ai quinze ans et c'est l'Enfer

Je suis née en 1965, et je suis attendue. Mon père est fou de joie d'avoir une petite fille. Notre petite famille est unie, les grands parents de chaque côté se connaissent, une famille classique en somme, avec des Noëls ensemble… et tout et tout.
Je suis une enfant très sensible, rêveuse, et très en amour avec les chats.

Deux ans après ma naissance, maman est enceinte de mon frère et là, le couple commence à se fissurer. Faille qui ne fera que se creuser au cours des années. J'ai neuf ans lorsque mes parents décident de divorcer. Conséquence : mon frère et moi, nous nous retrouvons à l'internat.
Tout cela va très vite, trop vite...
Du jour au lendemain, nous quittons notre belle maison de Bonlez. Une maison dont le nom me fait rêver : « Crin Blanc ». Et bien « Crin Blanc », c'est fini. Et fini aussi le spaghetti partagé en famille le vendredi soir au Panorama sur la place de Wavre. Fini papa qui vient nous chercher à l'école, pour ensuite prendre maman au bureau avenue Louise avant de nous rendre à la maison. Finis les jeux avec ma chatte Duchesse, qu'on laisse à Bonlez. Finis aussi les jeux avec son petit Mortimer, qu'on laisse aussi derrière nous, sans même me demander mon avis ! Finies mes grimpades dans les arbres. Finies mes conversations avec Joséphine la grenouille le soir devant le garage.

Au mois de janvier, je me retrouve à Uccle dans une école privée, en internat. Je ne connais personne. Je ne vois plus mes parents chaque jour comme « avant ». Je me sens seule. Je suis triste.
J'ai neuf ans et je n'aime pas cette école où je dois changer de linge et de vêtements seulement les mercredis et vendredis.

11

Moi, j'ai envie de changer de linge tous les jours et de m'habiller à ma façon.

À l'adolescence, un autre internat. Celui de la commune de Forest, où je passe toute cette étape de ma vie. Mon frère, lui, est placé dans un autre internat pour garçons.

Tout bascule dans le chaos pendant cette période.

Maman travaille dans une grande agence publicitaire comme chef de production. Elle est licenciée. Après la perte de son travail, elle commence à boire de plus en plus.

J'ai quinze ans. Un vendredi, je rentre de l'internat pour passer le week-end chez maman. C'est l'enfer. Maman est allongée sur le sofa, elle ne s'est pas lavée depuis une semaine.

La purée faite le week end précédent est en train de pourrir dans les casseroles. Une odeur âcre de whisky John Haig et de tabac fort de Gauloises bleues flotte dans tout l'appartement.

Dégoût !

J'ai envie de hurler. Je ne hurle pas, je retiens mon cri, c'est comme ça. Maman est devenue alcoolique ! Alors, je fais les courses, je m'occupe de la lessive, je nettoie l'appartement, je prépare les repas. Seule. C'est lourd. Seule, oui. Mon père nous soutient matériellement. Il n'a aucune conscience des dégâts qu'une maman psychologiquement malade peut occasionner sur de jeunes enfants.

D'ailleurs dans cette famille, personne n'est conscient de ce qui se passe vraiment, ou bien sont-ils dans le déni ? Quant à mon frère, laissé à lui-même, je ne le vois plus beaucoup, il fugue, vole, se drogue, squatte des maisons avec des jeunes comme lui.

Moi, je souffre de voir ma mère se détruire sous mes yeux. J'aimerais la sauver, lui donner un peu de ma vie à moi pour qu'elle aille mieux. Mais le peut-elle, et surtout le veut-elle vraiment?

Je ressens une souffrance sans nom, aigüe, terrible, je me sens tellement seule et si désespérée. Je tiens le coup pourtant. Je me cuirasse pour me protéger. Et ça marche. Mes « cuirasses » de protection sont solides et fonctionnent bien, car je suis incapable de reconnaître ce qui se passe vraiment à cette étape de ma vie. Si je le fais, je vais m'écrouler complètement, voire mourir. C'est trop dur, alors je me suradapte.

J'ai honte, je n'ose pas parler de ce que je vis à mes amies de l'internat.

Je me cache pour pleurer, pour être sûre que personne ne devine ce que je vis avec ma mère. J'ai honte, tellement honte…

Je ne raconte pas grand chose à mon père. J'éprouve de la honte, même face à lui. Honte de parler de ce qui se passe là-bas, dans l'appartement de ma mère. Il sait que ma mère boit, mais il ne se sent pas "responsable".

Pendant les week-ends que je passe chez lui, mon sentiment de « survie » se trouve en veilleuse. Il a une compagne à l'époque, très féminine, qui adore danser et s'habiller. Chez eux, j'oublie la lourdeur des week-ends maternels.

Le samedi, la compagne de mon père m'amène chez le coiffeur. Je m'habille toujours top… et hop ! Resto chic et sortie en boîte.

J'adore mon père, je suis fascinée par lui, il est très beau, je suis une petite fille très admirative de son papa.

Lorsqu'il vient me chercher au lycée le vendredi à 16 h, beaucoup de jeunes filles plus âgées me disent combien il est charmant. Je suis très fière !

Dans cette vie très déséquilibrée, j'ai pourtant des zones de grand bonheur. Ma grand-mère chérie me soutient. Elle m'écrit des lettres à l'internat.

C'est une adorable grand-mère maternelle qui vit dans une maison à Villers-la-Ville. Elle nous prépare de délicieuses confitures en été, nous cache les œufs de Pâques dans le jardin, nous cuisine le poulet compote frites, nous gâte avec son gâteau au moka. C'est comme un rituel, auquel nous avons droit, toujours le même pendant des années, tous les quinze jours, le dimanche. Mamy sans le savoir, me donne le sens des rites et surtout une base. Une base toute fragile, mais tellement précieuse, qui me sera fort utile pour survivre plus tard dans de lourdes épreuves.

Et il y a aussi Ulysse, son chat, tout noir, pas très câlin. Et ça, c'est un petit bonheur de plus, car je l'adore ce chat, malgré son caractère revêche. J'aime la douceur que m'offre son manteau plein de poils.

Je me ressource à l'internat la semaine avec mes amies. J'aime étudier, j'aime apprendre, ça me soutient beaucoup.

J'ai une enseignante au lycée, Madame Dupont, qui stimule chez moi l'amour de la littérature anglaise et me transmet sa passion

pour Byron. Cette passion me tiendra debout. Mes petits amis ont un rôle important aussi. Je suis jolie et toujours en couple. Heureusement, les familles de mes petits copains n'ont pas trop de problèmes et, sans le savoir, m'assurent un équilibre précaire.
Il n'empêche. Bien qu'entourée de bons amis, je me sens très seule dans cet enfer. De ces souffrances viennent mes premières interrogations : « Je ne suis pas uniquement sur la Terre pour manger, me reproduire et mourir ». Ces propos me sont venus exactement comme ça !
Je suis affamée de tout ce qui peut donner un sens à ma souffrance, mon vécu. J'attire à moi mes premiers livres spirituels. J'ai alors vingt et un ans.
Mon premier contact avec le monde spirituel se fait via un livre, « Vivez dans la lumière » de Shakti Gawain. Une révélation !!!
Puis, un jour, une amie me met en contact avec des personnes qui enseignent ce que je cherche, et pendant deux ans je suis les cours de l'Institut d'Anthropologie Gnostique. Je remplis ma tête de connaissances spirituelles, mais je ne règle pas mes problèmes psychologiques.
Un jour, à l'institut, une élève me propose de me rendre à une réunion Naranon. Les groupes Naranon sont des groupes de soutien pour les personnes qui vivent avec une personne sous dépendance de substances (alcool/drogues).
Ce sont des groupes qui fonctionnent comme les groupes AA (Alcooliques Anonymes) avec un merveilleux programme en douze étapes / douze traditions.
Quatre années se sont écoulées depuis mes premières expériences. J'ai vingt-cinq ans. Il aura fallu dix ans avant de pouvoir être accueillie et comprise dans mon enfer.
Je m'y rends chaque vendredi soir et là, pour la première fois de ma vie, je me sens soutenue, je n'ai plus honte d'exprimer ce que je vis avec maman dans mon quotidien.

Je regarde ma souffrance en face. A travers des ébranlements intérieurs qui s'expriment par des crises intenses de pleurs, je commence à dégager les couches les plus denses et les plus cuirassées de ma personnalité blessée, pour ne pas dire écorchée vive.
Au niveau psychologique, je reste une sauveuse avec une compulsion à essayer de sortir ma mère de l'alcoolisme et, sans

relâche, j'informe mon père de l'existence de livres spirituels. Il y a comme une urgence intérieure à sauver et changer le système familial.

Dans mon rôle de sauveuse, je ne suis plus en contact avec mes besoins, je « survis » à travers la mission imaginaire de sauver maman de son enfer.
Je ne me pose pas la question de savoir si je suis compétente pour l'aider, si j'ai la disponibilité, ni si elle a envie d'arrêter de boire. Cette fausse identité me permet de survivre dans mon système familial pendant toutes ces années.

J'ai vingt-sept ans lorsque je rencontre un homme extraordinaire, un énergéticien guérisseur, Pierre.
Il m'accompagnera, et me guidera pendant dix ans.
Je le vois une fois par mois et il m'aide à me dégager d'une série d'énergies très lourdes qui m'encombrent.
Sa pratique consiste à me donner de l'énergie par les mains qu'il me tient dans les siennes à chaque séance. Entre deux séances, il y a des prises de conscience, des changements qui se font.
Je suis pâle comme un citron pressé. Tous les membres de ma famille puisent inconsciemment leur énergie dans la mienne.
Grâce au travail de Pierre, le citron pressé reprend des couleurs, et peu à peu ne se laisse plus pomper son énergie. Doucement, ma vie commence vraiment à changer, tout me semble plus fluide et mes rapports avec les autres personnes aussi.

Chapitre 2

Sur mes rails….avec deux balles de tennis et un bâton mousse

Lors d'un atelier sur l'énergie des arbres en 2000, je sympathise avec Michèle. Un an plus tard, elle me propose de participer à la formation de Marie Lise Labonté.

Je voulais rencontrer Marie Lise depuis dix ans. Marie Lise Labonté est canadienne, elle souffrait d'arthrite rhumatoïde dont elle s'est auto-guérie complètement. Ce qui me touche, c'est son chemin de guérison et sa méthode : la Méthode de Libération des Cuirasses MLC©[1] , qui propose une « libération des tensions physiques et psychiques par le mouvement ».

Je sens que c'est très important pour moi de suivre sa formation. Intérieurement, quelque chose m'y pousse très fort. La sensation c'est : « Il y a un train à prendre, il n'y en aura pas un deuxième, voilà ce que je ressens précisément ».

La veille, mon époux me demande ce que je vais faire en France. Il y a un prérequis de quatre jours à la formation, je lui réponds spontanément: « Je ne sais pas, je vais travailler avec des balles de tennis et un bâton, c'est tout ».

Quelques années auparavant j'avais été à une conférence de Marie Lise Labonté qui parlait du sujet de la Méthode de la Libération des Cuirasses, je n'en savais pas plus.

C'est vrai, je n'ai aucune idée précise de l'aventure qui m'attend. Je suis simplement mon intuition, c'est comme un appel à suivre.

En septembre 2001, je commence mes études. Une semaine plus tard, mon patron m'annonce avec une mine dépitée qu'il me donne mon préavis. Un an de salaire payé.

Jour de la Libération !

---

[1] Voir annexe en fin de livre

Cela faisait dix années que je m'ennuyais dans cette entreprise américaine comme assistante de direction, et là, ma vie prend une autre direction vers des activités qui me passionnent. Enfin !

Lors de ma formation avec Marie Lise, je me laisse guider par le mouvement, et je rencontre mon corps qui, pendant toutes ces années de souffrance, a engrangé des tensions. Mon corps s'est tendu et a érigé une protection entre moi et le monde. Cette cuirasse (de protection), ce sont mes muscles durcis, une cuirasse musculaire qui m'a bien protégée pour ne pas sentir ce que je vivais dans mon environnement familial. C'était une forme d'intelligence de mon organisme de bâtir ce système de protection en béton, très épais, et de choisir (inconsciemment) une fausse identité de survie. Je suis devenue sauveuse pour survivre dans un système familial chaotique.

En rencontrant mon corps et la douleur physique et psychique profonde qu'il porte, je comprends pourquoi je ne l'habitais pas, pourquoi j'ai eu besoin de voir la vie en rose bonbon pendant toutes ces années. Pour tenir le coup.
Je découvre aussi que je n'habitais pas mon corps, mais que je flottais à côté. Je n'étais pas en contact avec mes émotions, j'étais en survie permanente, sans le savoir.

Je décide de suivre une autre formation de Marie Lise Labonté qui s'intitule « la Libération des Images Intérieures », outil qui permet à la personne d'aller à la rencontre de son inconscient.
La personne est en état de relaxation, et le/la thérapeute le guide et le met en contact avec son inconscient via le thème psychique (la blessure) ou physique choisi. Ce procédé s'appelle un réceptif.
Le travail sur les images peut aussi aider des personnes souffrant de dépendances affectives, nourriture, alcool, drogue.

Voici un réceptif tel que je l'ai vécu :

« Je vois, en état de relaxation profonde, des images de mon grand-père paternel qui vient me voir avec ses grands ciseaux de couturier, (il était couturier et ces ciseaux existent dans la réalité) et qui me dit : « le lien psychiquement malade que ta maman t'a transmis est venu par ma lignée, je vais le couper ».

Et je vois mon grand-père couper le lien entre maman et moi, puis, je vois et ressens une énergie violette (couleur de guérison et de transformation) circuler dans mon corps.

Le soir de ce réceptif, je vis ce qu'on appelle en psychologie la nuit noire, je sens ma pulsion de mort présente toute la nuit dans ma chambre, je délire, j'ouvre la lumière, je transpire et je vois réellement un insecte horrible téter mon verre d'eau.

Toute la nuit, j'ai déliré, balançant entre la vie et la mort psychique. Le lendemain matin, j'entends une des participante me dire : « qu'est-ce que tu as, tu es toute pâle, on dirait une morte ». Ben oui !

Après quelques « réceptifs », j'ai créé, avec l'aide de mon thérapeute mon scénario de guérison que l'on appelle « un programmé » et qui est enregistré sur cassette par le thérapeute afin que je puisse l'écouter régulièrement chez moi et qu'il imprègne mon inconscient.

Voici des extraits de mon programmé :

« Je remets à mon père et à ma mère l'insécurité absorbée et toutes mes cellules se libèrent.

Je nais à ma sécurité intérieure, soutenue par mes parents intérieurs.

Je reconnais ma valeur et je suis reconnue.

Mon corps est en expansion, mes mains s'ouvrent.

J'accueille l'abondance.

Nourrie par cette profonde confiance en moi, mes mâchoires se relâchent, la patience se développe envers moi et envers les autres.

Le ruissellement d'une rivière me rappelle de laisser les choses couler ».

Chapitre 3

La danse familiale continue, hôpital - prison

Grâce au travail en Méthode de Libération des Cuirasses, je prends de plus en plus conscience de mon rôle de sauveuse dans la famille, rôle que j'ai choisi de quitter.

Lorsque mon frère sort à nouveau de prison en 2004, il va bien pendant un certain temps, puis il replonge dans la drogue. Il vit un an avec maman, et là je comprends qu'ils se stimulent dans l'autodestruction. Un an après, il retourne en prison, elle en hôpital psychiatrique. Rebelote et moi, RAS-LE-BOL ! Après vingt ans d'hôpital, prison, je prends la décision « inspirée » de rédiger un contrat relationnel entre maman et moi. Le voici :

<u>Contrat relationnel entre Valy et France</u>

« Je souhaite garder une relation avec toi dans le cadre suivant :

> *Je vois que tu choisis d'aller dans une voie de guérison (type réunions AA, psychothérapeute, rebirth, psychiatre, etc ou tout autre moyen que tu trouveras juste pour toi), ce qui me permet de vivre une relation vivante et cohérente avec toi.*

Je refuse de garder une relation avec toi dans le cadre suivant :

> *Je vois que tu ne fais rien pour te sentir mieux avec toi-même (en trois ans d'hospitalisation à la clinique César De Paepe, j'ai observé que tu n'as jamais été aux réunions AA ; le médecin t'a proposé une assistance ambulatoire à Ostende deux fois par semaine lors de ta sortie fin août, que tu as refusée).*

Un psychothérapeute reconnu, dont la spécialité est de soigner des personnes en dépendance m'a informé que la dépendance ne s'arrête jamais si la personne choisit de continuer à consommer.
Cela fait des années que j'observe que tu ne fais rien pour t'en sortir, j'ai besoin d'autre chose comme relation, je ne peux/veux plus faire autrement par amour et par respect de moi-même.

Si tu optes pour ce cadre-ci (consommer), j'en conclus que tu choisis d'aller vers l'autodestruction, voire la mort vu ton état. Le médecin auquel j'ai parlé à l'hôpital Princesse Paola m'a informée que c'est l'alcool qui détruit tes neurones, ce qui a entraîné une crise de délire.
Par conséquent, il me semble qu'en buvant, tu deviens délirante. Et je trouve juste que les autres ne courent pas à ta rencontre pour les actes que tu commets, actes qui comportent des risques pour toi-même et les autres.
Conclusion, je prends la décision de ne pas soutenir ce processus de destruction, ce qui implique que je ne souhaite plus aucun contact avec toi. (En clair, si la clinique/police me téléphone et que tu te trouves à « outsiplou », tu rentreras comme tu veux mais sans moi).

J'estime que, dans toute relation, chacun est responsable de son bout de relation.
Aujourd'hui je choisis des relations pleines et riches.

Souhaites-tu t'engager dans ta guérison ou choisis-tu d'aller vers la mort ? »

Valy   France

J'ai beaucoup médité, réfléchi avant de rédiger ce contrat,
Je me suis demandé si l'amour inconditionnel, c'est aussi d'accepter qu'un être choisisse l'autodestruction, et pouvoir l'aimer dans son choix. Ma réponse a été pleinement oui, je peux accepter son choix tout en respectant mon besoin de relations vivantes et stimulantes.

Et avec beaucoup de courage et de chagrin, accepter que deux chemins se séparent.

Je réalise profondément dans mon cœur et ma conscience que j'aime inconditionnellement cette femme, ma mère, dans son choix d'autodestruction, et en même temps, pour l'amour de moi-même, je choisis de ne pas m'autodétruire avec elle.

Lorsque j'ai été la chercher à l'hôpital, elle a signé ce contrat. Elle a été secouée, et je me suis dit : « c'est peut-être l'électrochoc dont elle a besoin pour changer ».

Encore une illusion ! Quelques mois plus tard, je dois trouver en trois jours une résidence pour personnes âgées, car les huissiers vont saisir tous ses meubles. Elle n'a plus payé son loyer depuis des mois et est criblée de dettes. Elle n'est plus chez elle, elle réside à l'hôpital, ayant eu une crise de délire.

Un samedi de février, mon époux et moi prenons l'autoroute pour Ostende. L'autoroute est tellement enneigée que j'ai peur de ne jamais y arriver. Je dois aller chercher ses affaires personnelles pour l'accueillir dans l'institut gériatrique, ceci avant que les huissiers ne viennent saisir ce qu'il y a à vendre.

Lorsque nous entrons dans l'appartement, ça pue. Des énergies glauques de destruction y circulent, des odeurs d'alcool. Je connais bien ces odeurs de mort, je les ai senties en permanence dans l'appartement quand j'avais quinze ans. L'horreur ! En plus, mon frère a été emmené la veille par la police. Retour en prison. Répétition comme il y a dix ans.

Pour moi, le monde de l'invisible a toujours été présent dans ma vie, c'est naturel.

De tout mon cœur, je prie, et demande à mes guides de m'aider pour cet ultime passage avec maman. Que je ne sois pas happée par les énergies négatives, que je puisse faire ce qui est utile et nécessaire.

Je me connccte télépathiquement à maman, je lui demande de m'inspirer pour reprendre ce qui est important pour elle dans cet appartement. Je sens quel tableau, bijoux, vêtement, quel livre elle souhaite avoir auprès d'elle.

Peu à peu, nous chargeons la voiture pour lui apporter ses affaires. Elle vivra dans une maison de repos qui l'accueille pour sa dernière année de vie terrestre.

Elle a soixante-cinq ans et ressemble à une personne de quatre-vingts ans.

Il me faut beaucoup d'amour pour aller lui rendre visite, dans ce lieu où j'entends des personnes crier et souffrir de la maladie d'Alzheimer.

J'ai encore besoin de ma mère, et la voir finir sa vie ainsi m'est pénible.

Lorsque je lui demande si elle a du regret, elle me dit : « non, je referai ma vie pareil ».

C'est un être extraordinaire, je le sens à travers le voile de sa personnalité blessée. C'est une artiste, elle peint des tableaux à l'huile et a une créativité très personnelle. Mon chagrin le plus profond est qu'elle n'ait pas réalisé tout son potentiel.

Un jour, en sortant du centre gériatrique pour une promenade, maman a un accident, une voiture la renverse. Elle a les deux jambes cassées.

Je perçois cet évènement comme positif, je ressens que toutes ses cuirasses se sont ouvertes par le choc et que tous les voiles qui nous empêchent de nous rencontrer vraiment sont dissous ; en effet, les voiles psychologiques qui nous empêchent de nous rencontrer entre mère et fille vont se lever.

Ce qui a changé de façon spectaculaire, c'est la relation avec maman. Notre relation est devenue fluide.

Pendant sa dernière année de vie, dans sa petite chambre misérable à l'institut gériatrique, deux femmes adultes se rencontrent enfin. Plus de masques, plus de voiles.

Je suis moi-même et elle aussi, dans sa beauté d'être humain comme dans sa misère. Je vis de grandes leçons d'humanité dans ce lieu, où j'apprends que l'Amour peut se rencontrer là où l'on s'y attend le moins.

Maman s'éteint peu à peu.

Je me sens très seule, et en même temps, j'ai une amie qui me soutient dans un amour inconditionnel, total. Elle seule sait ce que je vis, sans jugements, elle me guide, m'accompagne pendant toutes ces épreuves.

C'est la première fois de ma vie que je reçois un tel soutien. De plus, ce qui émane de Laure me rappelle la douceur de ma grand-mère que j'adorais.

Cette relation a guéri en moi quelque chose d'important au niveau du féminin.

Ce qui m'a le plus impressionné chez Marshall Rosenberg,
c'est sa capacité d'écoute.

Dans les « Healing session » (Session de guérison), il est tellement présent à la personne qui parle de son vécu, que j'ai vu et senti la personne parlant de son histoire toucher sa souffrance au plus profond d'elle-même et je l'ai vue se transformer le jour suivant.

Je ne sais pas si ceci se produit à chaque fois, toutefois je me suis dit que j'avais un très long chemin à parcourir avant d'avoir une qualité d'écoute aussi pleine que celle de Monsieur Rosenberg.

J'aime beaucoup les débuts de journée, qu'ils appellent « Greatings » (Remerciements), où une personne partage avec les autres un de ses talents pour commencer la journée. Cela peut être un chant, une prière.

J'aime aussi les sessions de « Deuils et célébrations » qui ont lieu chaque jour en grand groupe à 17 heures, où nous avons le choix de partager notre gratitude, nos deuils après nos prises de conscience diverses dans les ateliers du jour.

Au cours d'une journée, toutes les étapes de la vie sont célébrées.

Au début du séjour, je me sentais un peu seule et fermée, je ne connaissais personne. Pour me soutenir, j'avais enregistré les hurlements des loups au cercle polaire, ceci afin de ressentir la présence de mon clan dans mes moments de solitude.

A la fin du séminaire, je vois de la beauté chez chacune des personnes présentes, Cette expérience m'apprend que derrière la personnalité blessée, il y a toujours cette beauté.

J'essaie de ne pas l'oublier surtout dans le quotidien, ce qui n'est pas toujours commode.

Après ces dix jours à l'université de Laval à Québec, je suis invitée chez Louise à Montréal. Je l'avais rencontrée en France lors de ma formation en Images de Transformation avec Marie Lise.

Cette invitation de Louise pour terminer mon séjour au Canada a représenté une belle rencontre.

Elle a vécu beaucoup d'épreuves dans sa vie, surtout lorsqu'elle était jeune et seule avec son bébé à Montréal, sans trop de revenus.

Elle disait à son petit bout : « Tu vas voir, c'est l'amour qui va gagner ».

Aujourd'hui, elle a créé sa propre entreprise et à force d'un travail colossal, Louise vit dans l'abondance.

L'Amour a gagné !

Cette phrase me soutient beaucoup dans mes moments de doutes.

J'ai été pleinement heureuse pendant ces trois semaines au Canada. Je me sens comme à la maison là-bas, je ressens un lien d'âme particulier avec les Canadiens.

Chapitre 6

La mort, une naissance à un autre plan de conscience

Le retour du Canada n'est pas facile, je pressens que des épreuves de taille m'attendent.

En allant visiter maman, j'ai la sensation qu'elle ne va plus vivre longtemps, elle fume toujours énormément et elle a un cancer du poumon. Je ressens qu'elle se suicide à petit feu.

Je sens déjà mon Ame liée à la sienne hors du corps, et je regarde avec tendresse, et beaucoup de chagrin ce corps qui m'a donné la Vie, partir doucement, se recroqueviller sur lui-même comme un bébé.

C'est comme un retour au début du cycle de la Vie.

Je me sens impuissante, triste et sereine à la fois par rapport à ce qui se passe, car c'est aussi le cycle d'une vie qui s'achève.

Le 4 août 2004 à onze heures du matin, le directeur de l'institut me téléphone et m'annonce ce que je pressentais déjà. Maman est morte.

Je suis triste et en même temps, étrangement contente pour elle, car je sens son Ame libérée de son corps très malade.

C'est alors qu'un autre type d'expérience se présente à moi, j'entends la voix de maman qui me parle, le soir même de son décès, dans ma chambre d'hôtel à Ostende, où je suis allée rejoindre mon père et mon frère.

Je sens sa présence radieuse illuminer ma chambre, elle me dit : « Comme c'est merveilleux ma chérie, c'est tellement beau, ici ».

Je vais quand même vérifier chez Pierre, mon guérisseur si toute cette expérience est possible. Et c'est bien vrai, j'entends maman me parler, notre connexion d'Ame fonctionne, il n'y a pas de séparation.

Au niveau de mon Ame, je vis cette expérience joyeuse et légère. Au niveau de ma personne, c'est le chagrin, le deuil, les formalités, l'enterrement à organiser.

Mon mari est en Espagne d'où il s'apprête à rentrer rapidement, je suis seule et en même temps je me sens étrangement très entourée.

Heureusement, mon amie d'enfance Véronique est présente, elle m'accompagne et me soutient dans toutes ces démarches que je ne connais pas.

Le corps de maman est enterré le 9 août 2004.

Un an plus tard, je me rends compte sur un calendrier que c'est le jour de St Amour.

Entourée de mon conjoint, de mon père venu avec mon frère qui a pu sortir de prison pour l'enterrement et mes amis les plus proches, je me sens soutenue pour rencontrer la douleur du deuil. Je choisis de célébrer son départ dans la beauté, en invitant tout le monde dans un restaurant de Lasne que j'aime, dans un jardin magnifique.

Quelques mois plus tard, je suis sur l'autoroute en pensant à l'héritage matériel qu'elle me laisse, pas d'argent, pas de biens, rien.

A ce moment précis, sur l'autoroute, je vois un camion avec le mot Héritage dont le « H » est une lettre royale, comme une armoirie. Signe du jour, synchronicité ?

Je ressens alors que je ne mesure pas encore le type d'héritage qu'elle me laisse, celui qui va aider et redonner de l'espoir à beaucoup de personnes par le partage de mon expérience via les conférences et ce livre témoin.

Pendant quelques mois, je sens sa présence très proche, comme si elle voulait me donner tout ce qu'elle n'a pas pu me donner en tant que maman pendant son incarnation. C'est tellement bon de ressentir tout ça. Cela m'a tellement manqué.

Quelques mois plus tard, lors d'une méditation, j'ai la sensation que mes guides me laissent choisir de la laisser partir dans d'autres plans de conscience, car nous maintenons un lien au niveau de la personnalité et ce n'est pas juste pour l'évolution de nos âmes.

Je me laisse guider par l'énergie d'Amour lors d'une visualisation, je dis au revoir à maman et la laisse partir vers d'autres plans de conscience où elle poursuit son évolution.

Je sens son âme proche de la mienne, je ne ressens plus la séparation.

Chapitre 7

Rencontre avec mes enfants intérieurs

La vie continue et je choisis de participer à un séminaire de cinq jours dont le thème est « la Libération de la Blessure de l'Enfant Intérieur » qui a lieu en mai 2005.

L'enfant intérieur est une partie de moi, de ma psyché, qui porte la blessure fondamentale.

Mon inconscient collabore de façon très nette à la préparation de ce séminaire.

Le 16 février 2005, rencontre avec l'enfant intérieur affamée.

Laure est venue passer la soirée à la maison, et comme toujours, lorsque l'on se rencontre, je vois précisément là où j'en suis. Laure m'informe que mon enfant intérieur a besoin que je lui explique qu'il doit apprendre à gérer ses frustrations.

La Vie m'invite à lâcher prise encore et encore. Ce matin, les peurs m'assaillent : « et si dans deux ans je ne gagne pas ma vie, et si, et si … ».

Bien que j'aie travaillé l'insécurité à un niveau, j'ai encore des nettoyages à vivre à d'autres niveaux beaucoup plus profonds.

Laure quitte la maison et je me mets à pleurer. Les larmes coulent et ma voix intérieure me demande de vivre seule une image de transformation (IT). Je demande à ma « thérapeute » intérieure de me guider, et me voilà en état méditatif dans mon lieu de rêve, où dans une cabane misérable, en-dessous d'une table je découvre une petite fille, moi à 9 ans dans un piteux état, maigre, presque squelettique, en haillons. Je n'ose pas l'approcher, mes animaux de pouvoirs sont présents, je sais qu'ils ont le pouvoir de guérison. Louve s'approche et avec beaucoup d'amour et de patience finit par avancer sa patte vers l'enfant qui lui tend la main. Moi, je suis en pleurs, les larmes coulent abondamment, une douleur me serre terriblement la gorge.

L'enfant finit par sortir de sa misérable cachette, et son regard de mort me donne un immense chagrin.

Bagheera, la panthère noire, me soutient de sa force avec ses yeux dorés, je pleure de plus belle, touchée par tant d'amour.

L'enfant est emmenée sur un brancard vers l'endroit sacré escortée par le clan de loups, Epicéa, Sophie, Jack, Léonie, (mes animaux de pouvoir) ainsi que Pierre et Marie mes parents intérieurs symboliques. Bagheera m'invite à retourner vers la cabane et à la brûler.

Elle me demande de rester jusqu'au moment où ce ne sont plus que cendres.

Ensuite, nous revenons vers l'endroit sacré où mes autres enfants intérieurs sont ravis d'accueillir une autre petite sœur, et déjà me disent qu'ils lui envoient tout leur amour.

Elle bénéficie des soins énergétiques de Pierre et de l'amour de Marie qui la nourrit et qui me dit : « Retourne à ta vie de femme, je m'occupe de l'enfant».

Je retourne dans mon lieu de rêve, puis reviens dans ma chambre, à la réalité.

Je fais brûler de la sauge pour purifier mon aura de ce cadeau de guérison.

Le lieu de rêve correspond à un premier pallier de l'inconscient, le lieu sacré à un pallier plus profond. La personne qui vit cette rencontre est couchée et guidée dans un état de relaxation puis invitée à se rendre dans son endroit de rêve où elle voit des images, puis guidée dans son lieu sacré qui est un sanctuaire de guérison. (Voir bibliographie se guérir grâce à ses images intérieures)

Deux mois plus tard, le 23 avril 2005, rencontre avec l'enfant abandonnée

Pour le séminaire, nous sommes invités à nous procurer des chaussures d'enfant.

L'achat de ces petites chaussures m'a ramené à l'âge de quatre ou cinq ans lorsque maman m'avait fait choisir entre des bottines bleues marine et des bottines rouges en vernis.

J'ai choisi les bottines bleue marine pour ne pas me sentir différente des autres enfants, à quatre ans déjà !!!

Je me souviens avoir regretté pendant des années de ne pas avoir choisi les bottines rouges en vernis, car je me rappelle bien que c'est ce dont j'avais vraiment envie.

C'est pour cela que le mouvement d'achat de ces petits souliers pour ce séminaire est très important pour moi.

J'ai choisi des petites bottines roses en vernis.

Je sens que je suis dans un processus de mettre au monde la partie la plus originale, créatrice, drôle de ma personnalité, que j'ai laissée je ne sais pas où pendant des années. Je me sens émue de ce qui se passe.

Puis, deux jours plus tard, je bascule dans ma blessure d'abandon. Une amie ne me donne pas signe de vie (en réalité, elle était malade). Je sens que je suis en projection (maternelle) négative avec elle. Quelque chose en moi de très sombre veut détruire cette relation, et en même temps, j'ai des images de la beauté de notre lien.

Cela m'aide à vivre cette expérience en conscience, alors je n'appelle pas pour ne pas céder à la tentation de détruire la relation. Je fais face à ces énergies destructrices dont une me dit avec une voix horrible : « Tu vois, même l'univers t'abandonne ».

« Tu n'as qu'un patient cette semaine », me dit cette voix. Les personnes ne peuvent plus m'abandonner, car je prends soin de mes besoins, par contre je m'abandonne à l'Univers, et si l'Univers m'abandonne, je meurs.

Là, je descends encore plus loin dans mes profondeurs intérieures, je touche ma pulsion de mort. Je dis à cette voix : « Tu n'existes pas, tu n'es qu'une illusion ! ». La voix disparaît …

Ensuite, je reste une semaine à mourir psychiquement chez moi, seule, je vis tout ce processus en conscience, Marie Lise l'ayant décrit pendant notre formation.

Si je n'avais pas eu ces repères, j'aurais peut être appelé un médecin qui m'aurait donné des antidépresseurs !!!

Le jour suivant, je suis dans toute l'expression de ma cuirasse du désespoir, la vie n'a plus de sens : « je n'ai pas d'enfant, pas de maison, je ne sers à rien, etc » … je dis à un ami : « même si Dieu vient en personne, je ne le croirais plus ».

Le lendemain matin, j'offre un soin énergétique à un homme très en souffrance, et pendant que je fais mon soin, j'entends intérieurement des voix pleines d'Amour me parler :

« Ne trouves-tu pas que d'être au service de l'Amour, ça vaut la peine de rester sur la Terre ? Est-ce un mandat qui a de la valeur pour toi ? Es-tu prête à t'engager à canaliser l'Amour ? Nous avons besoin de toi ».
Je pleure autant que mon client qui est en train de vivre un mouvement de guérison fort important avec ses guides.

C'est très fort tout ce que je vis là.
Ce matin-là, je m'engage au service de l'Amour.

Enfin, au mois de mai, pendant le séminaire de l'enfant intérieur, mon inconscient m'a offert des cadeaux, et ce sont des enfants intérieurs en pleine guérison qui se présentent à moi.

Je vois lors des visualisations guidées, un enfant Bouddha et une petite fille toute dorée qui porte une robe en or et un bijou soleil autour du cou, dans lequel les autres personnes peuvent voir se refléter leur lumière.
Alors que j'écoute Vangélis à plein volume, allongée sur le sol, je vois des images : je me vois à cheval, j'ai de très longs cheveux flottant dans le vent et devant moi sur la selle, l'enfant Bouddha et derrière la petite fille dorée.
Je chevauche, je parcours des contrées et à Terre, des personnes demandent de l'Amour, toujours de l'Amour.

Chapitre 8

Les chevaux

Lorsque l'enfant blessé en nous se sent soutenu par l'adulte que nous sommes, il peut à son rythme exprimer ses souffrances refoulées.

Couche par couche, je laisse ma petite fille intérieure exprimer ses chagrins, ses colères, son insécurité. Lentement elle se libère et doucement laisse place à sa créativité et à sa joie de vivre.

Apparaît petit à petit, l'enfant joyeuse et vivante qui me prend aujourd'hui par la main et qui me guide à me rendre à la rencontre de mes peurs via l'apprentissage du cheval.

Pendant mon adolescence, j'avais fait des expériences équestres avec des personnes qui considéraient le cheval comme un objet, sans respect pour lui, pour moi, mon rythme et mes peurs.

J'ai toujours eu envie de remonter à cheval avec le respect de ma sensibilité, alors j'ai pris rendez-vous avec une jeune femme qui envisage la relation au cheval avec douceur et respect.

Au premier cours, le professeur me donne des notions d'éthologie m'informant que le cheval est un prédaté et qu'il a très peur lui aussi. Il a besoin pour avancer de sentir que je suis centrée, dans une confiance profonde. Sinon, c'est la pagaille, car il prend peur s'il ressent que je n'ai pas la confiance nécessaire pour le guider.

Au premier cours, nous allons rencontrer tout le clan dans la prairie.

Je parle aux chevaux qui m'approchent, leur raconte mon mauvais apprentissage et mon élan d'aller à leur rencontre, cette fois-ci dans la douceur et le respect.

En quittant le centre équestre ce jour-là, j'ai une joie énorme et un chagrin tout aussi immense. Je prends conscience que lorsque mes parents vivaient ensemble à Bonlez, juste avant qu'ils ne se séparent, je parlais aux animaux de la ferme, je dialoguais avec le monde animal, jusqu'à passer tout un après-midi à sauver des mouches qui étaient en train de se noyer chez mon amie Isabelle dans sa piscine d'enfant.

Et puis, plus rien, le divorce de mes parents, l'internat, la coupure avec la Vie, la joie et la simplicité.

Je me sens très émue de ce qui se passe en moi, le courage d'aller rencontrer mes peurs via l'approche du cheval, cela me reconnecte avec une joie profonde, très profonde.

Au mois d'août 2006, je m'inscris à l'atelier « Guérir à cheval » avec Ana Evans.

Une semaine avant l'atelier, l'enfant intérieur se manifeste encore dans sa souffrance. Je sens que cette partie de moi attend une libération.

Ana, qui a développé une méthode de communication avec les animaux, leur demande s'ils sont d'accord de collaborer en tant que cheval thérapeute. Quatre chevaux acceptent de nous accompagner (sur un troupeau de vingt chevaux) pendant ce week end : Nougat, Cyrano, Murphy et Fireblast.

En arrivant dans le lieu équestre, Nougat, Murphy et Cyrano sont tout près de la grille, alors que la prairie est immense.

Curieux, on dirait qu'ils attendent quelque chose.

Dans la matinée, je sens que je vais vivre une expérience avec Cyrano. Je le rejoins en prairie et je l'entends intérieurement me dire : « je ne te suis pas, si tu m'attaches avec une corde ».

Je sens une émotion très belle, car je suis dans une relation amoureuse qui me demande ça, une liberté totale sans attachement.

Message reçu, et le cheval me suit comme un chien.

En le ramenant au manège, tous les participants sont de part et d'autre de la rampe, Ana aussi. Elle me dit, alors que je suis dans la montée : « Regarde Cyrano »

Je me retourne et je plonge mes yeux dans son regard. Je vois et je sens tellement d'amour dans ses yeux que je sens mon corps s'ouvrir, mon cœur blessé s'offre à l'amour infini de Cyrano. Je sens qu'il absorbe toute ma souffrance dans son dos, toute son échine tremble, et mes larmes coulent en abondance jusqu'à la fin du processus.

Ana me dit : « tu as reçu 1 % de ce qu'il pouvait t'offrir tu vas aller vers une très grande guérison de l'enfant intérieur ».

Je me sens très vulnérable.

Ce qui apparaît aussi très vite pendant ce week end, c'est mon problème d'enracinement. Je dois vivre des mouvements de massage avec des balles de tennis tous les matins pour maintenir ma connexion à la Terre, sinon, je me sens happée vers le haut.

Le dimanche chez moi vers cinq heures du matin, je vois l'image d'un autre cheval , Colorado, qui fait partie du troupeau mais qui n'a pas choisi de participer au week end avec nous.

Je sens que je vais vivre quelque chose avec lui. En arrivant sur place, il n'est pas loin de la grille, intérieurement mon ressenti se confirme.

Plus tard dans la matinée, Ana me dit : « Va en prairie et offre des soins aux chevaux qui en ont besoin ». Je ne comprends pas bien pourquoi elle me fait une telle proposition, et en même temps, je lui fais totale confiance.

Me voilà partie en prairie à la rencontre de Colorado, je lui demande intuitivement s'il souhaite un soin.

Il me répond par la voie de la communication intuitive : « Tu n'es pas venue me voir pour ça … ». Et là, comme sur un écran de cinéma, dans le monde intérieur apparaissent des images que je connais bien d'une vie indienne où tout mon clan a été massacré. Je les avais déjà rencontrées lors d'une régression.

Je lui dis : « Je connais ces images » et lui me répond : « Tu n'as pas tout vu, regarde !». Et là, je me vois en train de haïr la Terre Mère car elle n'a pas su protéger mon clan du massacre et je me vois me couper volontairement de mon lien avec elle !

J'ai tellement de chagrin que j'ai envie de m'appuyer sur le cheval qui me dit : « Je ne vais pas te servir de béquille. Souviens-toi de Qui tu Es ! »

Le ton est lancé.

Tout d'un coup, je prends conscience de mon interprétation erronée, je comprends une partie de ma difficulté à rester enracinée et je sens une douleur immense m'envahir, un chagrin très profond. Je pars seule dans la prairie comme une âme en peine, cherchant le cou d'un cheval pour m'y pendre. Aucun ne s'approche, comme s'ils sentaient que c'est quelque chose de sacré que j'ai à régler avec la Terre Mère et qu'ils doivent me laisser seule.

Je suis revenue dans l'incarnation avec cette blessure de lien à la Terre pour la guérir.

Je rentre au manège. Je raconte à Ana ce qui s'est passé. Elle me dit : « Tu vas te rendre dans la deuxième prairie et attendre que

la Terre Mère te pardonne, car ce n'est pas toi qui vas décider ça, il ne manquerait plus que ça ». Son ton doux est ferme et plein d'amour, je ne peux qu'acquiescer.
Et j'attends, assise par terre dans le coin gauche de la prairie, mes mains posées sur le sol. Il y a Nougat, Murphy et Cyrano qui ne font absolument pas attention à moi.

J'entends intérieurement la Terre me dire : « Chante moi une chanson de guérison ». Je chante et du plus profond de mon être émerge une voix de sage indien, qui chante je ne sais même pas quoi. Puis, elle me demande de chanter un « AUM » de guérison. Je chante, puis silence. Ensuite, je ressens l'esprit de la Terre qui me demande si je suis disponible pour participer à sa guérison en alliance avec le peuple cheval. C'est trop ! Elle m'offre sa guérison et en plus avec les chevaux ! Là je me lâche, le visage décomposé, envahi de larmes. Silence.
Voilà que Murphy, Cyrano et ensuite Nougat viennent vers moi un à un, et chaque cheval à son tour se penchera vers moi et il ne partira que lorsque j'aurai prononcé les mots : « Je m'engage ».

Après cet atelier, je me suis sentie enfin complètement dans mon corps. Je sens mes pieds en contact permanent avec la Terre. Quel changement !

La propriétaire de Cyrano me propose un quart de pension, qui consiste à prendre en charge un tiers des frais mensuels du cheval avec en échange la possibilité de le monter deux fois par semaine.
Je plane, je vole, en attendant vendredi soir le rendez-vous pour faire un essai avec Cyrano.
Le vendredi matin, la propriétaire m'appelle m'informant qu'elle a changé d'avis, car elle souhaite une cavalière confirmée pour son cheval, ce que je comprends.

Je me sens très, très triste, et un peu plus tard, je comprends ce que la vie m'enseigne avec Cyrano. En effet, je me suis rendue compte que depuis que j'ai ce projet avec le tiers de pension, je me suis créé tout un jeu de projections teinté de plaisir, de joies, de complicité.
Lorsque sa propriétaire m'a appelée, mon mental m'a projetée dans le plaisir que je ne vivrais pas, ce qui m'a amené de la souffrance car cette situation m'a mise dans une illusion de perte, de manque.
Le cheval, je le vois quand je le souhaite, je peux le panser une fois par semaine. Je ne perds rien du tout en définitive.
Un ami me dit, « ne t'inquiète pas, le cheval qui est fait pour toi va se manifester ». Je lui réponds : « c'est ça, il va venir sonner chez moi un de ces quatre ». Et c'est ce qui s'est passé deux mois plus tard !

Ana m'avait dit à la fin de l'atelier « tu n'es qu'au début de tes expériences avec les chevaux ». De fait, au mois de septembre je commence une formation en hippothérapie à la Ferme Equestre de Louvain-la-Neuve , lieu où des personnes, enfants handicapés viennent recevoir des séances d'hippothérapie avec les chevaux.

Je me sens retrouver quelque chose de familier, de connu, de doux, de bon.

Je vis des séances d'hippothérapie à la ferme équestre avec Paco, cheval Apaloossa de vingt et un ans qui pète le feu lorsqu'il part au galop.

L'expérience de vivre le plaisir intense du galop dans la sécurité me fait ouvrir ma cuirasse affective, et me fait prendre conscience d'une programmation assez tordue. Je me sentais en sécurité lorsque je contrôlais les bouteilles d'alcool de ma mère. Contrôle = sécurité. Avec Paco, j'apprends à m'abandonner complètement, je lâche le contrôle et je suis en sécurité, c'est fort !

Antoinette qui travaille à la ferme m'informe qu'Alexandra, propriétaire de Paco cherche une personne pour le prendre en demi-pension. J'accepte.

Mes débuts de propriétaire mi-temps commencent fort car le cheval s'est blessé en prairie et Antoinette me fait part de sa crainte que le tendon soit touché, et m'invite à le soigner.

Voilà autre chose, c'est son postérieur droit qui est à soigner. Je dois d'abord poser une lavette humide sur sa blessure pour que la croute se ramollisse, puis gratter la croute avec mes ongles, et mettre de l'iso-Bétadine dessus.

Quel programme mes amis ! Je communique avec lui en communication intuitive, et je lui dis :

« Ecoute, c'est la première fois que je vais soigner un cheval, fais-moi confiance », et son regard planté dans mes yeux, j'ai la sensation qu'il me dit « ok » ; puis je m'abaisse, un peu tremblotante, mon mental me dit qu'il va me chotter, mon cœur sent que je peux y aller en confiance, il me présente même sa jambe, je suis touchée. Un ami me fera prendre conscience que nous participons à notre guérison mutuellement.

Le quatrième week-end en hippothérapie a pour thème : « la rencontre sur le terrain avec la personne polyhandicapée ».

Je demande les consignes à Patrick qui me dit : « Respecte tes zones de sécurité, nous sommes dans les écuries en cas de besoin ».

Je n'ai jamais rencontré de personnes handicapées de si près, c'est une première expérience pour moi.

Ma rencontre a lieu avec Gaby, une petite dame âgée qui tient son grand sac bien serré dans sa main droite. Elle avait envie de se rendre à la rencontre des chevaux.

« Moi, Gaby pas peur, caresse cheval », me dit-elle, très fière.

La joie que j'ai sentie dans cet être était tellement puissante ainsi que la disponibilité des chevaux dans la rencontre que je n'ai pas de mots pour décrire l'émotion qui m'habitait, je me sentais bouleversée.

Dans un autre box, le rire d'un enfant dont le petit corps est tout tordu me bouleverse, son éclat de rire, c'était comme une bouteille de champagne qui pétille. J'ai rarement ressenti une émotion aussi pure. Au-delà de la personne et de son handicap,

on se rencontre d'essence à essence, pas de personnage. Je ne pensais pas avoir de projets de travail avec des personnes handicapées, mais là, quelque chose commence à m'habiter et creuse son sillon doucement à l'intérieur de moi.

La vie me montre le chemin, et j'ai décidé de poursuivre pendant trois mois l'expérience de suivre sous supervision une personne handicapée par l'hippothérapie. Je me réjouis !

Pendant deux années je monte Paco, puis il est temps pour lui de partir à la retraite, et pour moi de m'ouvrir à d'autres expériences équestres.

Au mois de janvier 2008, un ami, m'envoie un email avec une annonce d'un cheval à donner, l'Horaire.

C'est un cheval Pur-Sang qui a été acheté en Australie lorsqu'il avait six mois et ramené en Belgique pour les courses, utilisé jusqu'au bout, (langue tordue, antérieurs usés) puis amené à la boucherie pour le remercier d'avoir gagné des courses. Dans ces milieux, certains propriétaires utilisent les chevaux comme des objets. Par ailleurs, je souhaiterais qu'on légifère à ce sujet.

Voici son histoire …

Début 2008, je suis devenue propriétaire avec un ami d'un cheval nommé L'Horaire tombé du ciel gratuitement dans ma vie.

Après avoir fait gagner de l'argent à ses propriétaires, fourbu, ses antérieurs usés, sa langue abimée, son foie en compote parce que drogué, ils décidèrent qu'il était bon pour l'abattoir. C'est alors qu' Ingrid l'a récupéré et s'en est occupé pendant huit ans. Enceinte et propriétaire d'un autre cheval, Ingrid décide d'offrir ce cheval à une personne aimante pour prendre soin de lui et place une annonce. Nous prenons rendez-vous. J'avais un message de son cheval pour elle reçu de mon groupe en communication intuitive: "Merci pour tout ce que tu as fait pour moi, je n'ai pas été facile". Ingrid pleure, moi aussi, nos coeurs s'ouvrent en même temps et elle nous choisit.

Après ma rencontre à la ferme équestre avec Paco, cheval professeur, doux et très patient, l'Horaire est une expérience beaucoup moins confortable. Il fait parfois une tête de gueux, (des yeux bizarres, oreilles plaquées en arrière…) il est impressionnant quand il s'y met. En réalité, il n'est pas méchant et doit bien se marrer de nos peurs humaines. Javier l'a bien compris, il joue avec ses différentes humeurs et une très belle amitié s'est tissée entre eux.

Dans cette relation avec L'Horaire, je me sentais dans l'obligation du « il faut, je dois » ; je me sens obligée de l'accueillir avec sa tête furieuse, de lui donner des soins sans rien attendre en retour, aucune reconnaissance (dur dur pour le territoire égotique ça !). En plus il est trop grand pour moi, bref pas le cheval dont je rêvais. Prenant conscience que c'était mon complexe de sauveuse qui avait accepté le cadeau de ce cheval, je ne me sentais pas dans une relation d'Amour choisie mais plutôt de contrainte. J'ai pris mon courage à deux mains, et j'ai expliqué à Javier que je souhaitais me retirer de mon engagement. Javier a accepté de rester seul propriétaire du cheval, ne pouvant abandonner un être qui avait déjà été bien malmené dans la vie et vivant avec lui une complicité qui lui convenait bien. Lors d'un voyage chamanique, L'Horaire demande de changer son nom pour Freeing. Il avait été le cheval de la compétition utilisé et maltraité par les hommes pour les courses, y avait presque perdu son âme et souhaitait un nom plus ajusté à Qui il est maintenant.

J'ai continué à rendre visite à Freeing.

Je ressentais une joie toute simple à m'occuper de lui dans la liberté et sans aucune attente, et avec le temps j'ai appris à comprendre de mieux en mieux son langage corporel : s'il tape son postérieur gauche, il n'aime pas ce qu'on lui fait et nous nous réajustons alors immédiatement. Petit à petit s'est tissé un lien avec Freeing (il frotte sa tête contre moi depuis peu de temps et je ressens là un signe de son amitié).

Un jour, je me sentais intérieurement très sereine, revenant d'une semaine de retraite. Je rends visite à Freeing, et tout en le brossant, je lui chante une chanson ; « Rejoyce in the Lord always and again I say rejoyce » … et là … j'ai vu des larmes couler des beaux yeux de ce cheval. Freeing pleurait. J'ai arrêté tous mouvements, me suis assise près de lui tout en continuant à chanter et très profondément touchée par ce qui se passait, j'ai laissé couler mes larmes doucement avec lui et j'ai ressenti une intense communion.

J'avais lu que les chevaux nous guident au plus profond de notre Etre, si l'on accepte leur miroir. Je confirme que c'est ainsi.

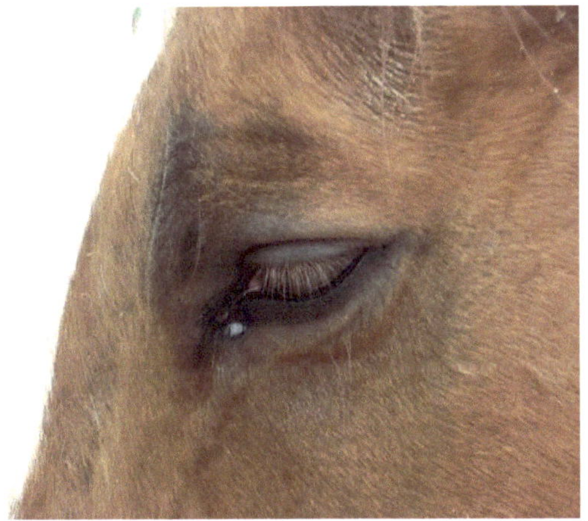

C'est avec le temps que se dévoile le mystère de l'Amour et des Etres. « L'essentiel est invisible pour les yeux » me rappelle le petit Prince, je vais être attentive à le vivre dans mon quotidien.

Je suis remplie de gratitude envers Ingrid pour nous avoir fait confiance et à Freeing pour m'avoir enseigné ce qu'est l'amour inconditionnel et m'en avoir fait goûter un instant le nectar. Deux ans plus tard, Freeing semble heureux, il semble retrouver son énergie de cheval de course. Il demande de plus en plus à galoper, quel bonheur !

Avec du temps, de l'amour et des soins …

1er janvier 2018, Freeing effrayé par les pétards, a détruit son box, s'est réfugié dans une allée et n'a jamais pu se relever, nous avons choisi de l'euthanasier.

Chapitre 9

Une Auto-guérison du coeur

Marie-Anne m'appelle et m'invite à faire un plongeon à midi dans la piscine de sa fille à Plancenoit. Je me sens un peu inquiète car je ne sais pas par quel chemin rejoindre Nivelles ensuite. J'ai rendez-vous chez mon thérapeute l'après-midi.
Il fait très beau. Confiance.

A 14h10 précises, alors que je cherche mon chemin par les déviations de la ville de Nivelles, ma voiture heurte une plaque d'égout. Mes deux airbags s'ouvrent. Je suis complètement sonnée. Je ne sais pas ce qui s'est passé, mon bras gauche saigne. Il y a une odeur de cochon brûlé dans ma voiture.
Je sors de mon auto complètement bousculée. Une dame qui a assisté à l'accident m'accueille à la sortie de mon véhicule. Elle porte une salopette avec des cœurs et me met de la pommade sur mon bras ensanglanté, elle me donne également de l'arnica en granules pour le choc. Un autre monsieur me propose de m'escorter jusque chez mon thérapeute. Je n'ai même pas pensé à faire de constat car le plus important était d'arriver à l'heure.
Je conduis avec les deux airbags sortis de leur emplacement. Le cœur de mon volant s'est ouvert en quatre par le choc pour laisser sortir l'air bag. Quel symbole !
Je sens qu'il est vital pour moi d'avoir ma séance. J'arrive très choquée et à l'heure.
D'après mon récit, et en me posant diverses questions, mon thérapeute me ramène à ma première relation d'amour, où j'aurais fusionné inconsciemment avec ma mère qui buvait dans un hôtel non loin du lieu où j'étais avec mon amoureux, avec lequel je passais ma première nuit.
La plaque d'égout que ma voiture a percuté a aidé à faire sortir tout cela de mon corps. Le dégoût de mes quinze ans, toutes ces énergies glauques.
Je ressens une colère colossale qui cache un énorme chagrin.

Je le tiens là bien enfermé depuis mon adolescence. Je ressens de l'impuissance, du désespoir m'envahir.

Quelque temps après cette séance, je prends conscience que j'ai sublimé l'Amour. Pour être aimée, reconnue, je me suis donnée sans compter à mon premier amoureux (qui m'avait trompée pendant l'été).

Je voulais être dans l'Amour inconditionnel, je devais accepter l'inacceptable et ainsi il m'aimerait, et sans le savoir je me suis trahie au passage. J'ai reproduit inconsciemment ce schéma dans plusieurs relations amoureuses importantes.

J'ai traversé l'illusion de l'Amour et je fais le deuil de la naïveté, du rêve de la jeune fille.

Mon avant-bras gauche blessé lors de l'ouverture des airs-bags me rappelle que je me suis blessée à force d'avoir trop donné sans discernement, avec des attentes et beaucoup d'illusions. Dans ces moments-là, je ne suis pas dans l'Amour, je suis dans l'illusion de l'Amour.

Ce passage est très douloureux et cependant nécessaire. Je laisse mourir par vagues des aspects de moi-même. Je me sens en pleine mutation.

Lorsque je prends conscience de ceci, je me dis que j'ai donné de tout mon cœur et de toute mon âme. Je ne pouvais être dans la réalité à ce moment-là avec mes manques abyssaux. J'étais affamée d'amour, j'avais trop besoin d'être aimée.

Par le choc, l'accident me fait ouvrir la cuirasse construite à cette époque ; la mal aimée, la cuirasse de protection avec laquelle je me suis suradaptée pour ne pas être abandonnée, ça vous parle ?

Après l'accident, un autre apprentissage m'attend.

Une employée de l'assurance me dit que ça ne vaut pas la peine de se battre contre la commune responsable qui n'a pas mis de balise sur la chaussée à l'endroit où une plaque d'égout s'est retournée. Ma voiture est emmenée au garage. Là l'expert, sans me demander mon avis, la fait remorquer et l'emmène dans un entrepôt à Gand où elle va être vendue à des marchands car elle est déclassée paraît-il .

Quoi !!! Déclassée mon auto de cinq ans qui a 55,000 km !

On me remet toutes mes affaires dans un grand carton, mes plaques, mon autoradio, mes plans, enfin tout. J'ai l'impression de sortir de prison. Quelle sensation désagréable !

C'est le cas au niveau psychique. Cet accident me fait sortir d'un grand enfermement intérieur par l'ouverture des cuirasses. Toutefois, il n'est pas juste de me laisser faire par un système qui va trop vite. La seule pensée qu'une femme enceinte aurait pu perdre son enfant par le choc des airbags, me fait activer une grande force intérieure.

Je fais changer la gestionnaire de mon dossier d'assurance par une dame qui m'a apporté son soutien.

Je téléphone à la secrétaire de l'expert et l'informe de l'existence d'un autre devis qui ne déclassait pas ma voiture. Je le somme de la ramener illico presto au garage pour réparations.

Ce qui est fait !

Je partage cette expérience aux personnes dans le groupe en Méthode de Libération des Cuirasses en leur donnant un enseignement sur notre système intérieur, victime-sauveur-persécuteur. J'ai observé que si l'on est victime de son système intérieur, il y a beaucoup de chances que l'on soit également victime du système extérieur.

Je ne veux pas être la victime, ni des assurances, ni de l'expert, ni de la police.

Dans un premier temps, la police refuse de prendre ma déposition.

« Nous ne sommes pas responsables, c'est la commune » me disent-ils. Et alors quoi ? Si on laisse tout faire, si personne ne se responsabilise, ou va-ton ???

Pas question !!! Je ne choisis pas ça comme Société. Je me mets à faire réfléchir tous les gens que je rencontre en réglant cette histoire d'auto.

La police finit par rédiger le procès-verbal dont j'ai besoin.

Je ressens comme un malaise avec tout cet épisode, j'ai l'impression que les personnes que je côtoie dans cette affaire n'ont plus aucun discernement.

J'ai aussi besoin de retrouver mon témoin pour aller faire une déposition à la police.

Un élève dans mes classes me dit que sa maman travaille dans la commune de Braine l'Alleud. Il me propose de m'accompagner jusqu'à la rue où j'ai eu l'accident car je n'ai aucune idée de l'endroit où le choc s'est produit.

C'est extraordinaire d'observer que même dans ces recherches là, je suis accompagnée.

J'ai confiance et je sens que je vais retrouver mon témoin, j'ai préparé une vingtaine de feuilles photocopiées avec une description de la dame en salopette avec des cœurs.

Je me rends jusque là-bas et la troisième maison à laquelle je sonne, je retrouve le témoin.

Elle est toute contente de me retrouver. Cette dame c'est la bonté personnifiée, elle me fait penser à ma grand-mère que j'adorais.

Elle m'apprend que le jour de mon accident, sans savoir pourquoi elle est sortie de sa maison à ce moment-là. C'était précisément au moment où ma voiture a heurté cette plaque d'égout (les Anges étaient-ils dans le coin ? j'en ai bien l'impression).

J'ai finalement récupéré ma voiture réparée et tous les remboursements demandés pour dédommagement.

Chapitre 10

Une Femme

Avec une maman alcoolique, l'image que j'ai du féminin n'est pas vraiment stimulante.

Comme aucun adulte ne m'aidait à me protéger de ma mère malade, j'avais développé un animus[2] extrêmement tranchant, coupant, direct. Cette partie de moi faisait mal aux autres personnes dans le quotidien. Je n'étais pas facile, parfois méchante, tranchante, et ce comportement se retournait toujours contre moi.

Je souffrais beaucoup de réaliser que je semais la destruction sans pouvoir la maîtriser.

Je comprends lors de notre étude de la systémique[3] que l'autodestruction que portait ma mère, je la portais aussi. Elle était plus subtile car moins apparente, je ne buvais pas, ne me droguais pas, par contre, j'avais une armada de persécuteurs intérieurs.

Un petit moment de bonheur ? Non, pas possible, je sabote.

J'ai appris que dans la lignée maternelle j'avais eu un arrière-grand-père éthéromane, il se droguait à l'éther et s'est pendu dans le jardin de la maison où mon oncle s'est immolé par le feu des années plus tard.

---

[2] L'animus est, pour le psychiatre suisse Carl Gustav Jung, créateur de la psychologie analytique, la part masculine de la femme. Il s'agit d'un archétype, donc d'une formation de l'inconscient collectif qui a son pendant chez l'homme : l'anima. Cet archétype se manifeste tout au long de la vie, projeté inconsciemment, d'abord sur le parent du sexe opposé, puis sur les personnes rencontrées auxquelles sont alors prêtées les caractéristiques de cette image.

[3] La systémique est une méthode scientifique apparue progressivement pendant la deuxième moitié du XXe siècle. La systémique étudie ce qui concerne un système ou qui agit sur un système.

Ma mère était alcoolique, et mon frère s'est drogué pendant des années.

Lorsque j'ai pris conscience de tout ceci, j'ai été secouée et en même temps, tout prenait sens. Je me suis regardée face à face, et avec honnêteté j'ai accepté et reconnu que ces énergies d'autodestruction je les portais aussi, toutefois j'ai fais le choix de les transformer.

Au-delà de cette partie « ombre » de moi, un ami perçoit en moi la Femme, la Déesse et je ne sais quoi encore qui est bien endormi, et dont je n'ai aucunement conscience.

Je mets des années à rencontrer la beauté et la puissance du féminin en moi.

Lorsque j'ai rencontré Marie Lise, à trente-six ans, je ressemblais à une petite fille, dans le corps et dans la tête.

Je suis fascinée par sa beauté, je suis comme une jeune fille qui admire sa mère.

Je sens que j'ai besoin d'être en contact avec des femmes très féminines pour rencontrer ma féminité, et j'ai surtout besoin de guérir le lien blessé de ma petite fille intérieure avec sa mère qui n'avait pas été très positive. Dans mon entourage, j'ai choisi quelques femmes dont la belle Marie-Anne qui m'inspire beaucoup par sa douceur et son écoute.

Toutefois, si la transformation des parties psychiques qui me détruisent au lieu de me construire ne se fait pas à l'intérieur de moi, j'aurais beau m'entourer de toutes les déesses du monde, rien ne changera dans ma vie.

Un grand pas a été fait dans mon évolution, lorsque j'ai rencontré Nicolas, psychothérapeute d'orientation jungienne. Il m'a fait comprendre que la petite fille prend beaucoup de place en moi car elle cherche toujours l'amour et la reconnaissance de son père dans sa relation à l'Homme. Je comprends soudainement pourquoi j'ai des tonnes d'attente.

Au fur et à mesure de la formation MLC, je rencontre mon corps en profondeur, mon bassin se libère de ses cuirasses par les mouvements.

De la petite fille, je passe à l'adolescente avec Marie Lise.

Je fais mon contre transfert avec elle. De la fascination de sa belle personne, je passe au pôle opposé.

En effet, je lui trouve plein de défauts. C'est naturel dans le processus thérapeutique, ce passage me permet de couper le cordon que j'avais créé avec elle.

J'observe que c'est un processus naturel qui se passe dans toutes les relations humaines.

Au début, lorsqu'on est amoureux, nous avons une tendance à ne voir que les qualités de notre partenaire et cette période de fusion est fort agréable.

Puis, la réalité du quotidien vient nous surprendre, et nous faisons l'expérience de l'imperfection de l'autre personne comme de la nôtre.

Pour certaines personnes, cette réalité est insupportable, alors ils quittent et cherchent d'autres « Lunes de Miel » à répétition sans jamais rien construire de profond.

J'ai mis du temps avant d'aimer entièrement, avant d'accueillir une personne aimée dans toutes ses dimensions, ses côtés ombre et lumière. Je n'avais jamais envie que cette lune de miel se termine. J'avais toujours envie de planer dans la sublimation, car c'est très bon, mais attention à l'atterrissage !

Avec le recul, je trouve beaucoup plus stimulant pour mon évolution d'avoir un partenaire qui me renvoie à mon personnage et à mes ombres.

J'écoute la cassette de Guy Corneau[4] sur la guérison du cœur, où il parle du livre de Marion Zimmer Bradley « Les Brumes d'Avalon ».

C'est la période des chevaliers de la table ronde, de la Fée Morgane, et des Déesses qui pratiquaient le culte de la Déesse Mère sur l'Ile D'Avalon.

En lisant ce livre, je me sens très inspirée pour créer un atelier de deux jours pour femmes qui stimulerait la (re) découverte du lien avec la Femme Déesse que nous portons toutes en nous.

Je perçois qu'une des grandes coupures de la femme avec le Sacré s'est faite là, juste à ce moment où le culte des Déesses a été réprimé, laissant place au Christianisme et à une peur, une incompréhension de l'énergie féminine.

La peur a tué. La peur a brûlé les femmes qui avaient la connaissance des herbes, des potions. Des femmes qui, insolentes dans leur beauté assumaient leur corps et leur

---

[4] Psychanalyste jungien

sexualité, renvoyant une image insoutenable aux prêtres de l'Inquisition qui, frustrés, refoulaient leur désir au nom d'un Dieu qui ne l'a jamais demandé.

J'ai fait des recherches sur les origines de la Déesse Mère (merci à Sophie qui a nourri ce chapitre par ses précieuses informations). Françoise Gange, qui se consacre à l'étude des mythes depuis quinze ans, m'a grandement éclairée sur le sujet par la lecture d' un extrait de son livre « Les Dieux Menteurs, notre mémoire ensevelie : l'humanité au temps de la Déesse ».

En –3000, lorsque la Grande Déesse qui incarnait le divin sur Terre faisait l'Amour avec un homme, celui-ci était sacrifié, tué. En effet, les croyances de l'époque étaient que cet amant en s'approchant de la Grande Déesse passait de la condition humaine à la condition divine.

Il mourrait au monde humain pour renaître divin dans une autre vie.

La révolte masculine aurait débuté lorsque Gilgamesh tua la Grande Déesse parce qu'il refusait d'être sacrifié.

Ensuite le culte de Dieu remplacera le culte de la Déesse.

Dans son ouvrage « Jésus et les femmes », Françoise Gange nous décrit qu'en 1945, des manuscrits interdits ont été retrouvés, ils auraient été enfermés dans une jarre elle-même enfouie dans le sable.

Ecrits en copte sur des papyrus, ces manuscrits démontrent que Jésus était entouré de femmes, Marie, Salomé, Marthe.

Le Jésus de ces textes dit : « Ne reniez pas la sexualité sinon elle va vous dévorer. Ne l'aimez pas trop non plus car elle va vous obnubiler ».

Il réconcilie donc l'homme et la femme, mais aussi le corps et l'esprit. Ainsi Jésus apparaît comme le sauveur du féminin car avec le patriarcat, la femme a perdu son Ame. Elle est réduite à son corps pour le plaisir de l'homme.

Avec ses recherches, Françoise Gange nous parle des évangiles interdits, où il est question de la relation entre Jésus et Marie de Magdala.

Le patriarcat ne peut accepter cela, car il ne veut pas de cette alliance d'amour entre l'homme et la femme, mais plutôt que la femme soit l'esclave et la servante de l'homme.

La Déesse Mère a sacrifié ses amants. Le patriarcat nous a mises sur le bûcher.

C'est bon maintenant ! Lentement et en conscience, pourrions-nous choisir un autre scénario plus stimulant ?

S'occuper de ses blessures intérieures, sortir du schéma de la victime, se responsabiliser.

Choisir des activités qui nous stimulent, où nos élans créateurs sont comblés et où nous rencontrons le divin en nous.

J'ai découvert, entre autre, que c'est en dansant le flamenco et en montant à cheval que je le rencontre.

Cela n'évite pas les frustrations, les frottements avec nos compagnons. Toutefois, comme je me sens remplie par moi-même, j'ai observé que par rapport à il y a quelques années, je traverse beaucoup mieux les états de crise du couple.

Je sens que la Terre a grand besoin de la Femme Sacrée ; la Femme qui utilise les chaudrons pour faire cuire les mets pendant des heures, la Femme qui dévoile un genou, une épaule, qui suscite le désir de l'homme, qui s'offre avec grâce, amour et volupté.

La Femme qui connaît les secrets de la féminité.

Je suis passionnée par l'histoire de la lingerie féminine. En lisant divers ouvrages à ce sujet il m'est venu cette réflexion : il devait être infiniment agréable pour un homme de déshabiller une femme au 19e siècle, défaire son corset, enlever tous ses jupons, entendre le bruit du tissu, savourer le temps du déshabillage. Cette atmosphère, j'imagine, devait créer une charge érotique bien plus intense que le string très apparent sous les jeans des jeunes filles d'aujourd'hui où tout est offert aux yeux.

Je ne prône pas le retour du corset, ni d'une séduction outrancière. Je parle d'érotisation, de finesse, je parle de l'Art des Geishas, des prostituées sacrées dans les temples.

Je ressens que cette dimension sexuelle sacrée est toute en nous.

La Femme, le pouvoir de son cœur relié à son intuition profonde, est grandement appelée à changer les structures de la société, pour redonner une dimension humaine dans tous les domaines, pour créer un monde basé sur les valeurs de respect, de coopération, de partage, de responsabilisation, soutenue par l'Homme qui l'épaule tendrement, très tendrement.

Chapitre 11

La psychogénéalogie

La psychogénéalogie est une théorie développée dans les années 1970 par le Professeur Anne Ancelin Schützenberger (Université de Nice) selon laquelle les événements, traumatismes, secrets ou conflits vécus par les ascendants d'un sujet conditionneraient ses troubles psychologiques, ses maladies, et ses comportements étranges ou inexplicables. Pour élaborer cette théorie, Anne Ancelin Schützenberger s'est fondée sur ses propres observations, et sur des concepts issus de la psychanalyse, de la psychologie, de la psychothérapie et de la systémique.

Lors d'un voyage en 2007, je fais la rencontre d'une dame, psychogénéalogue formée par Alessandro Jodorowski[5].
Je prends un rendez-vous pour une consultation téléphonique avec elle lors de mon retour en Belgique.
Je lui envoie toutes les informations par courrier, elle habite en France et son analyse de notre arbre familial est étonnante !
Elle me dit : « France ce n'est pas facile pour toi car tu as tout pour réussir ta vie mais tu as reçu l'ordre inconscient que tu n'iras pas au-dessus de ceux qui n'ont pas pu le faire» (mes ancêtres).
« Les femmes de ta lignée ont dû porter des hommes qui ne prenaient pas leurs responsabilités, en plus de leur charge de mères, de femmes créatrices. Elles avaient des capacités mais n'ont pas pu aller au-delà».
Cela me parle en effet, ma grand-mère maternelle était couturière, artisane. Elle souhaitait développer sa propre collection pour la présenter à Paris, mais mon grand-père a dit non .

---

[5] Réalisateur, romancier, poète, scénariste de bande dessinée

Revenons à notre arbre généalogique. Sur trois générations, un suicide par génération a affaibli mes racines et mon ancrage. Pour lui redonner de la force, la thérapeute me propose d'œuvrer par des rituels de libération pour mes ancêtres.

D'après elle, trois Ames demandent à être libérées et c'est à moi d'œuvrer sous sa guidance.

Joseph, mon arrière grand-père, s'est pendu dans le jardin de notre maison familiale, la maison de ma grand-mère maternelle. Elle me propose de redonner de la douceur à l'acte en achetant une boîte à chaussures, dans laquelle je dois mettre une corde à sauter d'enfant et du coton.

Elle me demande de dormir une semaine avec la carte du tarot du pendu sous mon oreiller.

Une fois la boîte prête, je devrai l'enterrer dans la forêt.

Je me sens très touchée par tout ce rituel. Je sors les photos de mes ancêtres, je me sens en lien avec eux, c'est une expérience fort troublante.

Je me sens dans un état plein d'amour et de respect dans tout ce processus.

La deuxième tâche est celle de réhabiliter l'identité de mon oncle, Jacques, qui s'est immolé par le feu lorsque j'avais vingt-sept ans, provoquant du même coup la destruction de ce lieu qui avait été un havre de paix pendant mon enfance.

Je dois coller une photo de lui et rédiger un article nécrologique mentionnant ses talents de journaliste. Au-dessus de cette photo, celle de mon grand-père qui lui dit : « Je te reconnais comme fils ».

Une fois ce document rédigé, je dois le mettre dans du coton dans une boîte à chaussures et l'enterrer dans la forêt.

Alain, un ami m'accompagnera à enterrer les deux boîtes dans la forêt.

Quel moment précieux et délicat !

Les deux premières tâches achevées, je me prépare à la troisième.

Pour Julia, la sœur de mon grand-père qui était créatrice de chapeaux et qui s'est aussi suicidée, la thérapeute me demande de dessiner un chapeau et de déposer ce dessin sur la tombe de Julia.

J'essaie de dessiner un chapeau. Je n'y arrive pas, alors je vais sur internet pour trouver une photo.

J'arrive sur un site et je me mets en lien intuitif avec mon aïeule pour qu'elle choisisse ce qui lui ferait plaisir. Je ressens qu'elle choisit «Aliénor» chapeau mauve.

C'est trop fort. Ma mère s'appelle Violette et a souffert de problèmes psychiques. Quelle drôle de coïncidence !

Je recommence à faire défiler sur mon écran les différents chapeaux, et je ressens à nouveau le même choix de chapeau.

J'appelle mon père (qui n'est pas très ouvert à tout ça) pour lui demander de m'accompagner au cimetière où reposent mes ancêtres du côté maternel. Je lui dis que j'ai un rituel à accomplir pour libérer des lourdeurs familiales et à ma très, très grande surprise, il me dit oui.

Avant de nous rendre au cimetière, il me demande de m'arrêter pour acheter des fleurs pour la tombe de ma mère.

Au moment où je vais payer, il me dit : « Non, je vais payer ce bouquet avec ton frère. Tu as assez fait pour la famille »

Je ne m'attendais pas à ça. De la reconnaissance pour tout ce qui a été accompli ! Le Docteur Jung nous a enseigné que les inconscients communiquent entre eux, qu'ils collaborent.

J'en ai des frissons de ressentir comment c'est vrai.

Nous arrivons au cimetière et nous allons d'abord nous recueillir sur la tombe de maman.

Puis, je dépose avec respect comme un rituel sacré le dessin du chapeau pour mon aïeule.

Je ne peux décrire avec des mots le dégagement intérieur, la libération, la légèreté que j'ai ressentie après tout ce travail « sacré ».

Chapitre 12

Le Dialogue avec les Organes
(DialOr©).

Lors d'un soin énergétique que je donnais, j'ai « entendu » le foie d'une patiente me parler de sa souffrance, de sa douleur, j'en étais émue aux larmes.

Après cette expérience inattendue, je me suis sentie appelée à proposer à mes patients de rentrer en dialogue avec leur organes.

Les résultats sont surprenants et bouleversants.

Dans son livre « Hands of Life » (Les mains de Vie et d'énergie) Julie Motz[6] témoigne : « tandis que le Dr Oz manie un petit bistouri électrique pour couper les tissus et dégager le cœur, je remarque que le résident tient en l'air une chose qui ressemble à une ver bien que je sache qu'il s'agit d'une veine. Et tout d'un coup, ça y est : j'entends - avec quelles oreilles ? - je l'ignore, mais j'entends la veine hurler de terreur. Le cerveau en veilleuse mais furieux, se met à grommeler, répétant à la manière d'un mantra « Personne ne m'a parlé de ça, personne ne m'a parlé de ça... » Le cœur, privé de sang et de pulsation, gémit, désemparé et douloureux ».

Sa communication avec les organes des patients pendant l'opération permet que les opérations se passent mieux, les patients retrouvant leur santé dans de meilleures conditions.

Voici quelques cas issus de mon expérience :
Madame F a eu un cancer des poumons.
Elle me consulte inquiète car de nouveaux nodules sont apparus.

---

[6] Julie Motz, thérapeute de l'énergie, travaille aux Etats-Unis et collabore avec les chirurgiens dans la salle d'opération pendant leur travail. Hands of Life (Éditions Bantam books). Version française : Les mains de vie et d'énergie - Editions TCHOU

Voici le témoignage de la personne et le **dialogue des nodules et des poumons** :

Les nodules se présentent et lui disent : « Règle les problèmes avec ta sœur et tes deux belles-sœurs. Regarde ce qu'il y a derrière ta rage et ta jalousie. Trouve ta place dans le système familial. Je m'en vais si tu résous cela ».
(La personne m'expliquera que cette situation fait référence à son frère qui à l'époque était très malade et qui est décédé. Une belle-sœur a pris trop les choses en main pendant la maladie de son frère qui vit à l'étranger, la rage de la personne est due à cette situation où effectivement elle avait la sensation de ne pas être respectée et ne pas avoir sa place)
Les poumons se présentent comme deux masses élastiques qui se concertent entre elles.
« D'abord ils se sont fâchés sur moi », me dit-elle. « Il y a des années tu ne nous respectais pas, tu fumais. Nous avons besoin d'air, fais des ballades à la montagne et à la mer »
« Travaille d'abord sur ce que disent les nodules ».
Une voix lui dit : « tu n'as pas le cancer! »

Les résultats médicaux ont confirmé l'absence de cancer par la suite.

<u>DIALOGUE AVEC LES PARTIES DE SOI EN SOUFFRANCE PSYCHIQUE</u>

Madame N vient me voir pour rencontrer des **angoisses.** Elle retrouve sa maman dans son monde intérieur, prend conscience qu'elle a hérité ceci de sa maman et décide d'entamer un travail en psychanalyse jungienne.

Madame G vient me faire part d'une **compulsion à boire** de l'alcool. Elle n'est pas alcoolique, me dit elle, et souhaite boire de façon équilibrée, dissoudre la compulsion.
Dans la rencontre avec l'inconscient, elle rencontre un Sage et entame un dialogue avec lui.
Deux semaines après cette séance, elle me dit, un jour : « je suis tombée par terre, j'ai commencé à suer abondamment, comme si

de l'eau sortait de mon corps. A présent, je bois de manière équilibrée, je me sens quitte de la compulsion ». A suivre.

Une jeune femme se présente avec un problème relatif à son système de **défense immunitaire.**
Lors de la rencontre avec l'inconscient, elle est mise en contact avec son père qui a eu un accident grave, et est décédé subitement il y a deux ans.
Pour se protéger du traumatisme subi, la personne s'est créée une cuirasse de protection.
Aujourd'hui elle se sent prête à rencontrer la douleur du deuil.
Pendant toute la séance, elle pleure très abondamment, se sent libérée d'un poids me dit-elle. Sa cuirasse de protection lâche.
Soutenue par son compagnon et sa thérapeute, elle se sent la force d'accueillir aujourd'hui le traumatisme subi.

Chapitre 13

La transformation du système familial

J'ai quitté ma position de sauveuse dans le système familial que j'avais à mon adolescence. Au fil du chemin, j'ai quitté mon rôle de parent et j'y ai repris une place juste. J'ai laissé à chacun le choix de reprendre sa place.

En 2002, mon frère est sorti de prison et mon père a enfin pris sa place de père auprès de lui.

Pendant deux ans, il s'est beaucoup occupé de son fils et a vécu la relation qu'il aurait dû vivre avec lui en tant qu'enfant.

Mon frère a quitté la prison où il faisait des aller retour depuis dix ans, avec des rechutes assez importantes dans la drogue. Pendant ces deux années, il a vécu seul, il a rangé et nettoyé son appartement, alors qu'avant il en était incapable, ayant été pris en charge de longues années par les institutions pénitentiaires.

Toutefois, son processus intérieur d'autodestruction n'a pas été traité à la base, et il est retourné en prison.

Il a malgré tout beaucoup évolué pendant cette période.

Je ressens un immense chagrin pour tout son potentiel qu'il n'a pas pu exprimer jusqu'à présent. C'est avec un regard plein de compassion que je vois un être dans son enfermement intérieur et extérieur, dans une double prison.

Guy Corneau nous a dit un jour lors d'une conférence : « Que sais-tu du chemin qu'une personne prend pour se retrouver elle-même ? Certains prennent des détours, passent par l'auto destruction, par la maladie, par un divorce. Qui sait ? ».

Avril 2012 – Mon frère est sorti de prison le 23 janvier 2012 après six années d'enfermement.

Un mois avant sa sortie, je traverse de grosses névroses, j'ai des frayeurs terribles, j'ai peur que mon frère débarque dans mon appartement à sa sortie, drogué, qu'il vole les personnes âgées de mon immeuble. Des projections certes mais je me sens terrorisée.

Mon père est aussi fort angoissé, je lui annonce que je ne vais pas le porter, ni lui, ni mon frère. C'est une traversée douloureuse, il est important de se faire aider par des professionnels. Mon père n'y croit pas, c'est son choix et je le respecte. De mon côté, j'ai l'impression de laisser mon vieux costume de sauveuse, comme une cuirasse dont je n'ai plus besoin pour survivre.

Ma psychanalyste m'accompagne bien dans cette traversée plus qu'inconfortable.

Pour me protéger, je raconte à ma famille que je suis en plein déménagement, je ne donne pas la nouvelle adresse. J'appelle la police et je suis rassurée de savoir qu'ils peuvent très rapidement intervenir si mon frère débarque à l'improviste chez moi.

Je me donne de la sécurité, celle que je n'ai pas pu m'offrir adolescente, la seule protection que je me suis trouvée à l'époque était de m'enfermer dans ma cuirasse de protection en béton armé.

Je sens que mon frère en sortant de prison me fait prendre conscience d'une prison intérieure faite d'angoisses bien enfuies, d'une cuirasse que je n'avais pas encore libérée.

Je ne vais pas le chercher à la sortie de prison, je donne une conférence le soir et je laisse mon père prendre son rôle en charge.

Le lendemain matin, j'appelle mon frère qui se trouve à l'hôpital, mon père lui ayant trouvé une place pour l'aider à se sevrer de ses médicaments.

Ce que je vis alors est inattendu. Mon frère me dit : « je me sens tellement mal par rapport à toutes ces conneries que j'ai faites, je ne peux même pas pleurer ». A ce moment précis, je sens que toutes nos cuirasses s'ouvrent en même temps, touchant ainsi une douleur profonde et commune, spontanément nous nous mettons à pleurer ensemble.

Il me dit ; « tu es tellement compatissante », je lui réponds : « nous avions la même maman, je reconnais tes souffrances, elles sont les mêmes que les miennes », et je rajoute « nous ne sommes pas ici pour te juger ».

En disant cette phrase, je ressens comme une présence christique à nos côtés, c'est étrange.

La suite, je n'aurais même pas osé la rêver, mon frère choisit de ne plus consommer ni alcool, ni drogue et ceci sans accompagnement.

Grande leçon d'humilité pour moi, c'est comme si tout son chemin intérieur il l'avait fait en prison.

Je retrouve mon frère que j'ai quitté alors que j'avais neuf ans, lorsque nos parents nous ont placés à l'internat. Puis à l'adolescence, ses choix différents des miens, (moi j'avais envie d'étudier, lui pas), nos chemins s'étaient éloignés.

Aujourd'hui, je retrouve mon frère, je ressens nos Ames très proches, je l'appelle tous les jours, ah ! Que ça nous fait du bien. Pendant des mois, nous vivons une relation frère sœur dans une grande joie de retrouvailles.

Je lui glisse que nos ancêtres sont artistes et que je ressens son Ame être celle d'un artiste, il me dit : « France, cool, laisse-moi me poser je verrais au fur et à mesure ce que je ressens ».

Trois mois plus tard, il me dit qu'il est allé chercher un livre à la bibliothèque pour apprendre à dessiner les perspectives, et qu'il a envie d'aller suivre des cours à l'académie de dessin et de musique.

Ce n'est pas beau, ça ? Et pourtant…

23 septembre 2012 - mon frère a fait une rencontre amoureuse cet été, il n'a pas fait de travail profond sur son inconscient, et il a attiré à lui une jeune femme aussi blessée que lui.

Ils souffrent et aujourd'hui mon frère est en rechute, il a repris des médicaments. Je me sens pleine de compréhension et de compassion par rapport à lui. Je lui avais dit il y a quelques mois : « si tu replonges, ma porte est fermée à tout jamais ».

Je ne peux plus agir comme ça aujourd'hui, je l'ai appelé pour lui dire que je respectais son autodestruction, que je ne le jugeais pas. Je me sens triste et en même temps, j'accepte mon impuissance par rapport à sa souffrance.

19 août 2014 – Pierre-Yves ne se sent pas bien et demande à notre père de l'accompagner à l'hôpital, il lui dira tu vas voir ils ne vont pas m'accepter. Je suis un toxico et de fait, le médecin le refoule. Il marche en prenant appui sur mon père pour rentrer chez lui, tout un symbôle. Quelques heures plus tard, il décède.

Je garde dans mon cœur ces mois de rencontre joyeuse où il était clean, comme un cadeau teinté de miel qui aujourd'hui me font penser à lui avec une infinie tendresse.

Pour terminer ce récit, je souhaite rendre hommage à mes grands-parents maternels, Louis et Renée, tailleurs de vêtements pour Dames.
Je rends hommage également à mes grands-parents paternels, Rachel, serveuse et Alphonse tailleur de pierres précieuses.
Je me vois petite, vers cinq ans, être à la hauteur de l'établi de mon grand-père Alphonse.
Je ne me lasse pas de regarder la meule qui tourne. Il tient au bout de ses doigts un crayon en bois dont le bout mastiqué loge dans son écrin une pierre précieuse qu'il taille au rythme de la meule qui tourne.
Je vois la pierre brute qui se transforme en un bijou précieux, unique, étincelant.
Je suis très fière de mes racines, alors que mon parcours a été chaotique. « *N'oublies pas Qui tu Es* » me disait une voix intérieure dans le pic le plus aigu de mes crises de transformation.

Les vêtements dans les rêves, selon Jung représentent la Persona (personnalité), et la pierre précieuse est le joyau de son Etre, le Soi qui est toujours là pour nous accompagner même dans les phases les plus aigües de nos contractions.

J'observe mon travail de thérapeute aujourd'hui, et je suis bien en lien avec ma lignée de grands-parents créateurs, accompagnant des personnes à transformer leur Persona et à retrouver le Joyau étincelant de leur Etre.
Je termine en rendant hommage à la psychanalyse jungienne.
Le travail des rêves se poursuit pour moi aujourd'hui et c'est un chemin très riche de découverte de Soi.
Comme le corps ne ment pas, les rêves non plus.
J'ai pu avoir des tas d'illusions sur moi même que mon inconscient est venu par les rêves mettre à jour petit à petit.

Epilogue

J'aime planter mon regard dans les yeux de Thaichai, le chat, et me sentir profondément en lien dans ce regard intense.
J'aime l'odeur du gazon lorsqu'il vient de pleuvoir.
J'aime l'Egypte et sa chaleur moite.
J'aime aller voir des films d'auteur au Vendôme, puis en discuter au restaurant indien non loin avec des amis.
J'aime flâner dans une bibliothèque.
J'adore sentir l'odeur des feuilles jaunies des vieux livres.
J'aime lire des romans autobiographiques.
J'aime écouter J.S. Bach.
J'adore stimuler la créativité de tous les enfants qui sont autour de moi.
J'adore danser et chanter.
J'aime me sentir vibrer.
J'aime rencontrer des artistes de toutes formes, voir des expositions guidées par mon amie peintre, j'aime flâner et peindre dans son atelier.

Merci à J.G. Jung, qui nous a ouvert à la dimension sacrée du monde intérieur.

J'ai eu des problèmes familiaux pendant 20 longues années sans discontinuer.
Aujourd'hui, je me sens de plus en plus libre intérieurement, je fais un métier qui me passionne.

Et vous, qu'est-ce qui vous anime dans la vie ?
Qu'est-ce qui vous rend plus vivant, plus vibrant ?

« Ce n'est pas en regardant la lumière qu'on devient lumineux, mais en plongeant dans son obscurité » (Carl Gustav Jung)

Lorsque j'ai commencé à animer des conférences, je me suis sentie touchée par les échanges avec le public.
Certaines personnes venaient me rencontrer et me partageaient combien mon témoignage leur redonnait confiance et courage.
J'ai senti profondément alors l'élan de toucher plus de personnes et j'ai osé écrire.
Lorsque j'avais quinze ans, je souffrais psychiquement beaucoup, je me sentais extrêmement seule et dans une grande honte.

Aujourd'hui je fais de plus en plus l'expérience que j'ai le choix de me rendre à la rencontre de mon inconscient, de mon monde intérieur qui est aussi vivant que le monde extérieur, d'après C.G. Jung !

C'est le chemin que je choisis, celui de me différencier de l'histoire familiale et de créer ma vie sans cette empreinte. Ma gratitude va à Georges Didier qui a travers la formation en constellations archétypales m'a montré cette voie.

Aujourd'hui, mon élan est de transmettre aux autres personnes ma propre expérience « si l'on fait le choix d'un travail sur Soi, de poser un regard sur son monde intérieur avec le courage de le transformer et de se différencier, nous pouvons devenir les créateurs d'une vie passionnante et abondante ».
Par mon travail de thérapeute, j'ai à cœur de contribuer au mouvement d'ouverture de conscience.

Voir qualifications, témoignages sur le site :

www.franceguldix.be

Annexe

<u>Description de la Méthode de Libération des Cuirasses</u>

Qu'est-ce que la MLC ?

"Des mouvements pour une découverte douce et profonde de vous-même, suite à une libération de vos tensions musculaires liées au stress ou des émotions refoulées. La MLC© Méthode de Libération des Cuirasses, libération psycho-corporelle par le mouvement est une approche psycho-corporelle et énergétique qui s'inspire de mon processus d'autoguérison, et de plusieurs années de recherche et d'expérimentation en médecine psychosomatique et énergétique. Cette méthode s'inspire également de mon évolution spirituelle et de ma recherche sur l'énergie des profondeurs, l'énergie fondamentale de l'être. En passant avant tout par le corps, ici perçu comme étant le temple de l'âme, le réceptacle de la psyché et du processus de la vie, la MLC© Méthode de Libération des Cuirasses, libération psycho-corporelle par le mouvement vise la libération du potentiel créateur qui repose en chacun de nous.

Marie Lise Labonté

La session, les outils en MLC

Une session MLC© se compose de 8 ou 10 séances d'une heure précédée d'une séance d'essai.

Dans une séance, nous utilisons divers outils (différents à chaque séance), des balles de tennis, un bâton recouvert de mousse, des grosses balles melon, des petits rondins remplis de graines de sarrasin, des baguettes etc. … Je vous guide à vivre des mouvements doux, lents et profonds qui vont masser les différentes couches musculaires. Les outils vont pénétrer et ouvrir les cuirasses dans lesquelles est enfermée l'énergie de Vie et permettre la libération de nos mémoires, émotions enfuies.

Une classe se compose de 3 ou 4 mouvements et d'un partage libre.

Les mouvements proposés sont simples et amènent graduellement la personne à une rencontre intime avec son corps, à une prise de conscience de sa véritable identité. La MLC, par la pratique de mouvements, aide le corps à se délier, à retrouver sa position naturelle. Les cuirasses se sont formées parfois, avant la naissance, au fur et à mesure que se construit notre personnalité, chaque fois que nous avons dit non à l'amour, non à la vie, oui aux résistances, oui à la négation de nous-même. Cette méthode nous invite à enlever les armures qui se sont formées, à oser la spontanéité du geste, de l'expression, retrouver le mouvement de la Vie.

Bibliographie

La dispute Peter Pan
Georges Didier/Pierre Trigano – Réel éditions

Les Dieux Menteurs, notre mémoire ensevelie :
L'humanité au temps de la Déesse
Françoise Gange - Ed. Indigo

Jésus et les femmes
Françoise Gange - Ed. à la renaissance du livre

Variations Sauvages
Hélène Grimaud - Ed. Robert Laffont

Le Tao du cheval
Linda Kohanov – Ed. Ronan Denniel

"Hands of Life"
De Julie Motz – Ed. Bantam books
Version française :
Les mains de vie et d'énergie - Ed. TCHOU

www.ingramcontent.com/pod-product-compliance
Lightning Source LLC
Chambersburg PA
CBHW040300240726
48664CB00006B/1316